湖北省博物館
HUBEI PROVINCIAL MUSEUM

湖北省博物馆少儿绘本丛书

博物馆里的节日

七夕节

主编　钱　红

WUHAN UNIVERSITY PRESS
武汉大学出版社

“湖北省博物馆少儿绘本丛书”编委会

《博物馆里的节日》编委会

前　言

越来越多的小朋友走进博物馆，爱上博物馆，爱上博物馆里的文物故事。为此，我们精心打造了《博物馆里的节日》，将14个传统节日、7个公历节日，分别与湖北省博物馆里的21件文物瑰宝链接起来。我们精心设计了湖北省博物馆的文物守护精灵“北北”，还有她的好朋友“湖湖”，让他们带着大家一起穿越时光，了解每个节日的由来；体验每个传统节日的习俗，这些习俗都是中华民族在漫长的历史长河中不断凝聚的宝贵财富，值得我们传承；配上了与文物相关的成语故事、神话故事或历史故事；设置了有趣的“互动问答”，让小朋友在轻松愉快的氛围中学习科普知识。小朋友还可以邀请家长扫描书中的二维码，拓展更广阔的“悦读”空间，了解更多的传统文化，让先民留给我们的精神财富得以传承和弘扬。

钱红

2022年11月

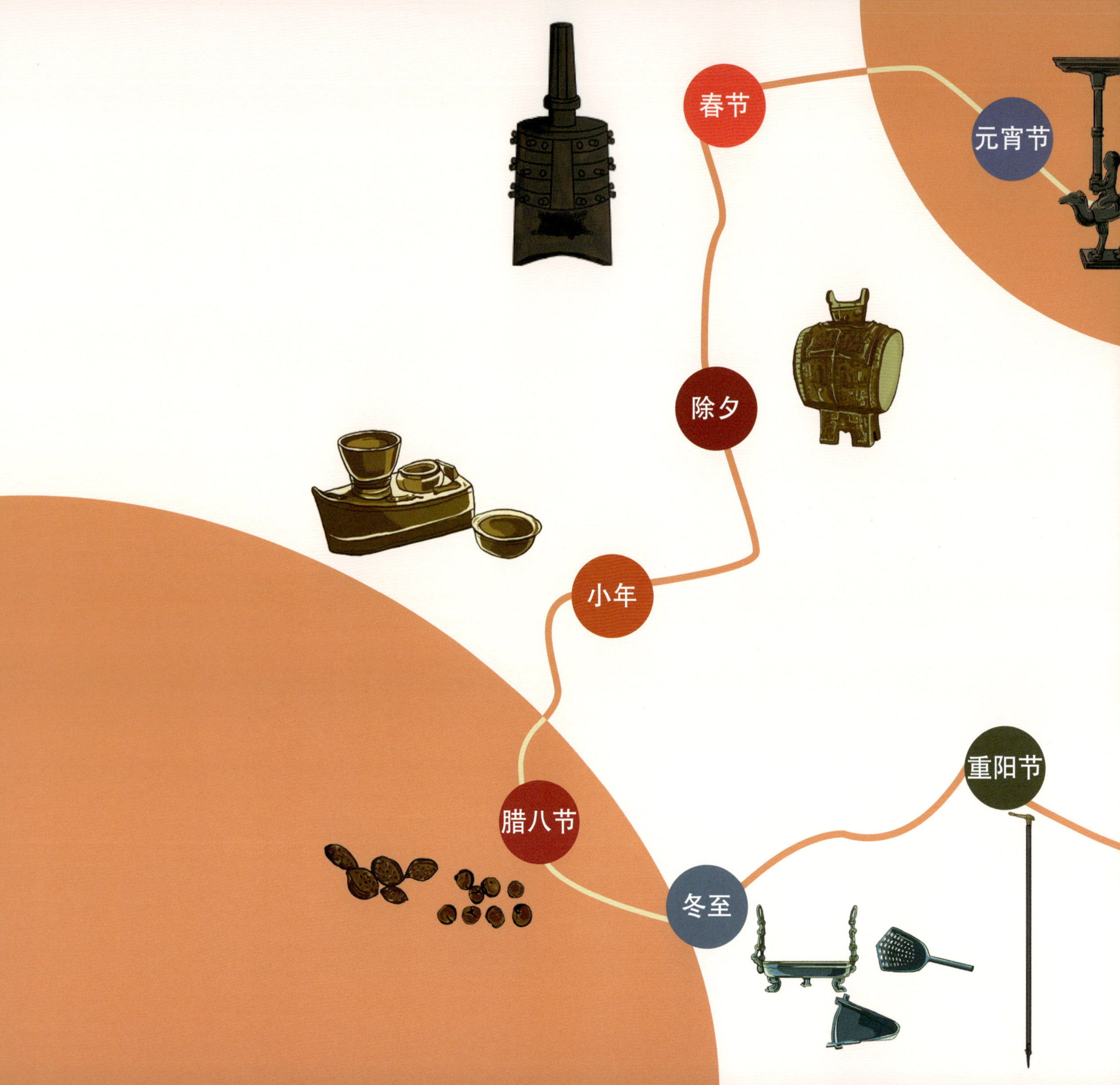
春节
元宵节
除夕
小年
腊八节
冬至
重阳节

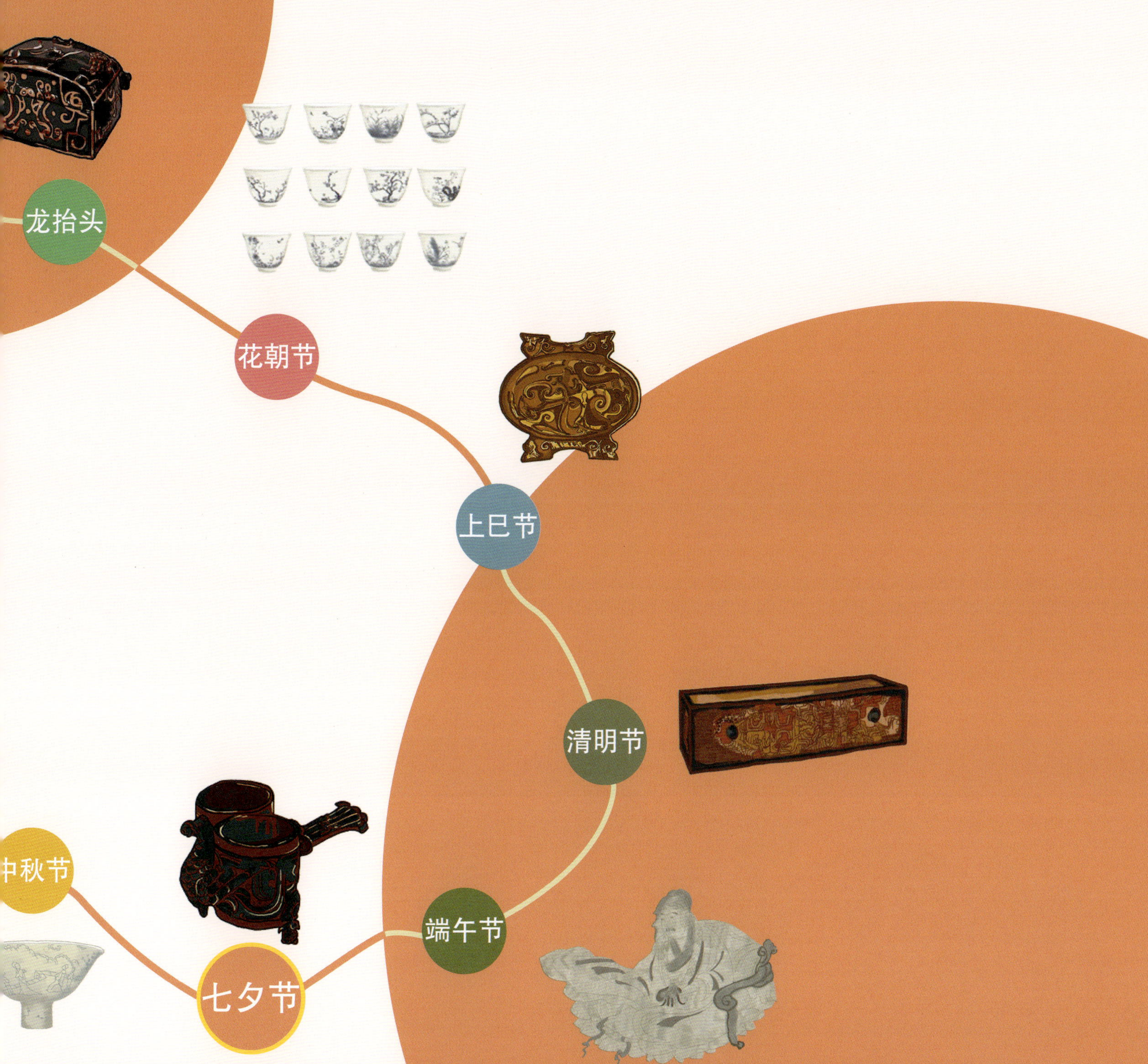
龙抬头
花朝节
上巳节
清明节
端午节
七夕节
中秋节

你好！我叫北北，是湖北省博物馆的文物守护精灵。我可以穿梭时光，带你体验不一样的博物馆节日氛围。旁边是我的好朋友——湖湖。

我们都喜欢湖北省博物馆里的文物，也喜欢听文物背后的故事！这些故事和我们传统节日也有关哦！

七夕今宵看碧霄

——七夕

乞巧
（唐）林杰
七夕今宵看碧霄，牵牛织女渡河桥。
家家乞巧望秋月，穿尽红丝几万条。

古诗知识拓展

节日由来

农历七月初七是七夕节，又名“乞巧节”“女儿节”，是女子希望自己心灵手巧的节日。七夕乞巧出现于汉代，经过 2000 多年的发展，积淀了多样的习俗和浪漫的色彩。

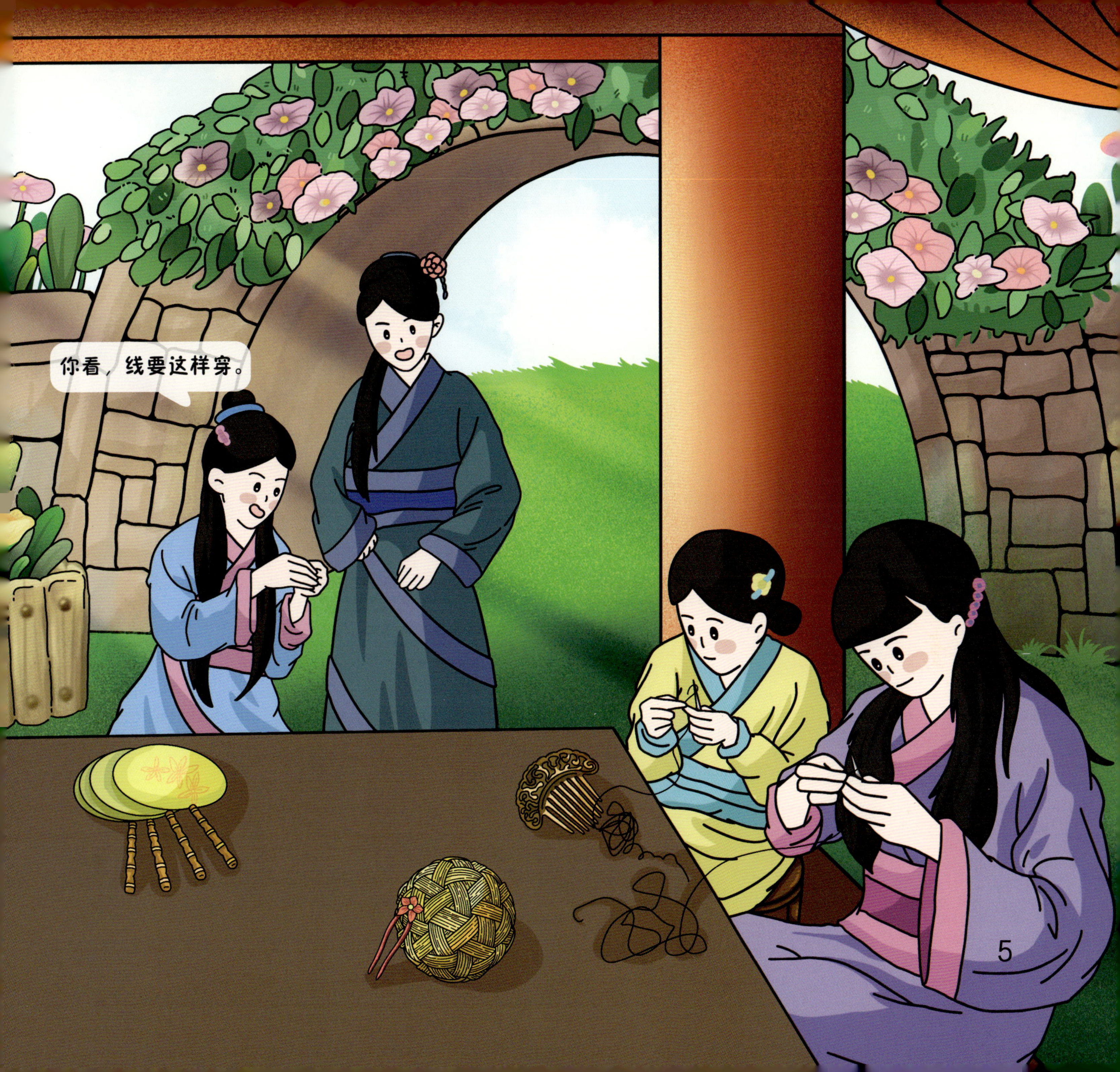
你看，线要这样穿。

节日习俗

穿针乞巧

七夕月下，女性参加丝线穿针比赛，穿得又快又顺寓意得到的“巧”越多，也可以得到织女的灵气。

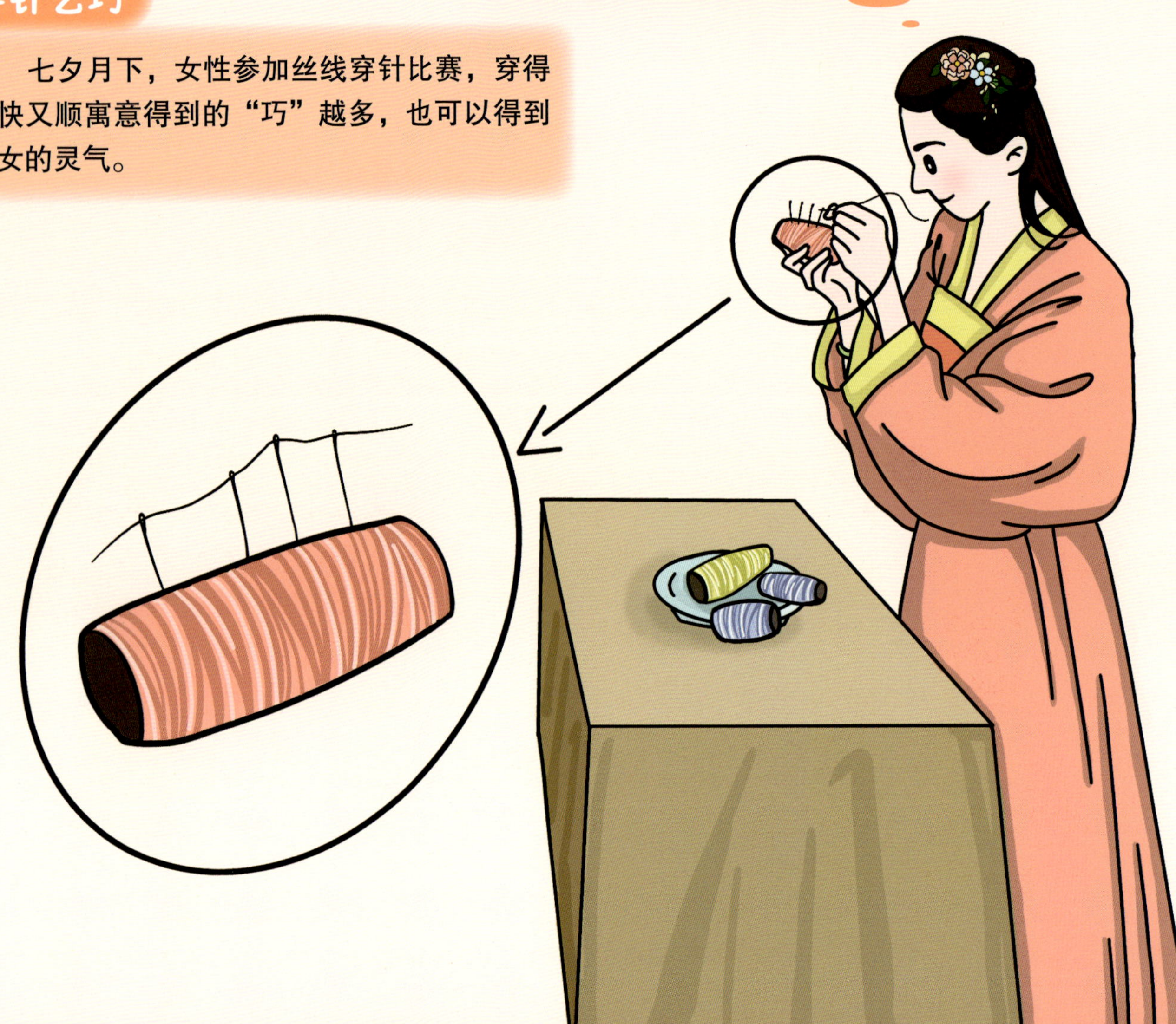

喜蛛应巧

古人视蜘蛛为吉祥物。七夕当晚，将捉来的蜘蛛放在首饰盒等器皿里，第二天清晨，蛛网又圆又密就是巧兆。

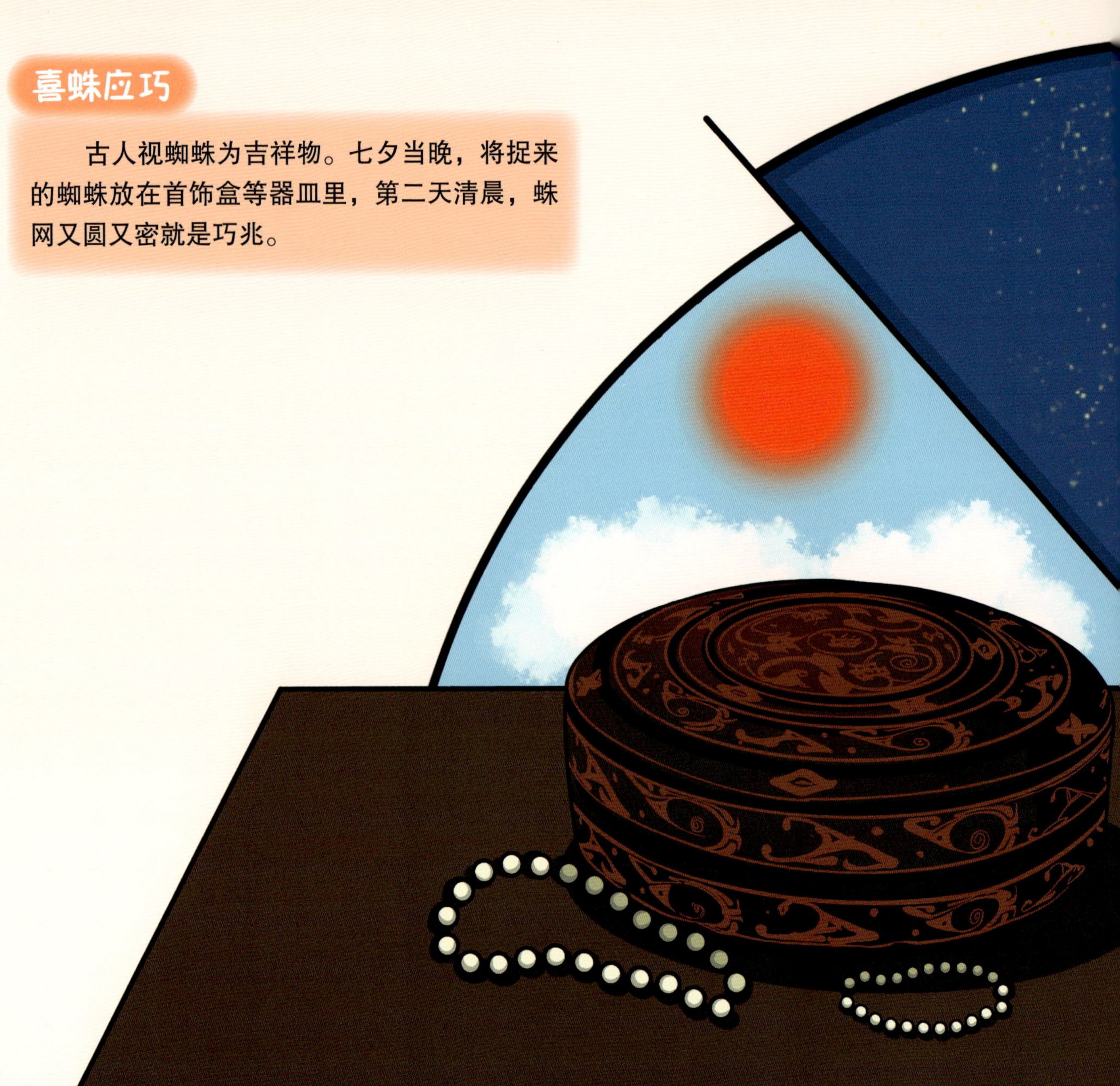

除此之外，女性会供奉茶、酒、水果、五子等拜织女。

文物链接

彩漆凤鸟双联杯

1986 年出土于湖北荆门的彩漆凤鸟双联杯，有 2000 多年历史。古代新婚夫妇用它行“合卺之礼”，相当于现代婚礼中的交杯酒环节，寓意夫妻永结同心。

文物知识拓展

夫君，你路上一定要多加小心！

成语故事
比翼双飞：形容夫妻恩爱，相伴不离或男女情投意合，在事业上并肩前进。
比翼亭

互动问答

大家是不是对七夕节有了一些了解呢？现在来和我一起看看后面的题目吧。

1. 七夕节最初与什么有关系？

2. “牛郎织女”的传说家喻户晓，你试着讲给家人听一听吧。

3. 你知道七夕节有哪些习俗吗？

答案

图书在版编目(CIP)数据

博物馆里的节日.七夕节/钱红主编.—武汉:武汉大学出版社,2023.5
湖北省博物馆少儿绘本丛书
ISBN 978-7-307-23746-9

Ⅰ.博…　Ⅱ.钱…　Ⅲ.节日—风俗习惯—中国—少儿读物　Ⅳ.K892.1-49

中国国家版本馆 CIP 数据核字(2023)第 078625 号

责任编辑:李　玚　　　责任校对:李孟潇　　　装帧设计:何家辉　陈晓宇

出版发行:**武汉大学出版社**　(430072　武昌　珞珈山)
　　　　(电子邮箱:whu_publish@163.com)
印刷:武汉市金港彩印有限公司
开本:880×1230　1/16　印张:25　字数:157 千字
版次:2023 年 5 月第 1 版　　2023 年 5 月第 1 次印刷
ISBN 978-7-307-23746-9　　定价:298.00 元(全 15 册)
